새가족에게 이미지를 통해
주님께로 인도하며 영적인 관계를 맺도록 돕는 안내서

이미지 양육법

IMAGE PARENTING FOR CHRIST

박노현 목사 지음

나침반

이미지 양육은 새가족이나 초신자들로 하여금 짧은 시간에 부담없이 양육을 받도록 하는 것에 초점이 맞추어져 있습니다. 처음 기독교를 접한 분들이 그림을 통해 하나님을 알게 하는 것이 이 교재의 목적입니다. 그러므로 밑의 순서와 같이 진행을 하면 누구나 아무런 무리 없이 양육을 할 수 있습니다.

① 4과로 이루어진 그림부분은 양육을 받을 분에게 주고, 양육교재는 양육자가 가집니다.
② 간단하게 안부를 물으며, 4주 동안(1주일에 한 번) 양육을 진행할 것이니 매주 30~40분만 시간을 내면 된다고 말합니다.
③ 마음의 준비가 되면 「1과 하나님과의 만남」 부분을 펴라고 하면서 양육을 진행합니다.

④ 되도록 양육을 받는 분들에게 시선을 맞추되 양육교재 설명서를 보면서 차근차근히 양육을 진행하시면 됩니다.

⑤ 양육은 1대 1로 하는 것이 가장 효과적입니다.

⑥ 양육을 마치면 느낀점을 듣고, 그 반응에 따라 적용을 시켜주면 더욱 좋습니다.

⑦ 양육을 잘 받아줬음에 대해 감사인사를 하고, 다음 약속시간을 정합니다.

⑧ 이렇게 4주를 마친 후 간단한 수료식으로 격려해 주어도 좋고 진행하는 가운데 교회사역에 동참케 해도 좋습니다.

이미지 양육 세미나 안내

※ 이미지 양육의 주제

하나님께서 전도로 이끌어주신 새가족들을 쉽게 가르치고 배우게하여 교회 정착을 이끌어 내는 양육법

※ 이미지 양육의 특징

1. 초신자의 눈높이를 맞추었습니다.
2. 바쁜 현대인의 시간을 고려했습니다.
3. 모든 세대가 쉽게 배울 수 있습니다.
4. 양육을 통해 평신도의 신앙생활을 업그레이드 하는 계기가 될 수 있습니다.
5. 교회 내에 잠재되어있는 평신도의 발굴로 교회는 활기를 얻게 되고 목회자는 보람 있고 생동감 있는 사역을 하게 됩니다.

※ 강의내용

1교시 – 이미지 양육에 대하여

2교시 – 평신도 사역자를 세우는 방법

3교시 – 이미지 양육 진행 – 1,2과

4교시 – 이미지 양육 진행 – 3,4과

* 세미나 특전 – 이미지 양육 PPT 자료 증정

※ 문의처 010-5332-6285 / imagecare0691@gmail.com

지은이 박노현 목사는, 한양대학교성악과/서울장신대학교신학대학원/미국Midwest University(목회학 박사)를 졸업했으며, 전에는 인천효성영광교회 부목사/미국 Fellowship Community Church 음악목사/미국 뉴저지 성도교회 부목사 였고, 지금은 인천 동춘교회 부목사로 주님을 섬기고 있다.

차례

1과

하나님과의 만남

■ 지하철을 탄 남자

달리는 지하철 안에 금시계를 차고, 고급 옷을 입은 한 남자가 서 있습니다. 저렇게 부자인 사람이 혹시 어디로 가고 있을까 하는 궁금한 마음에 그에게 다가가서 물어보았습니다.

"선생님, 혹시 어디로 가십니까?"

그 말을 들은 그는 몹시 당황하며 한참을 고민하다가 이렇게 대답했습니다.

"음~ 글쎄요~ 생각해보지 않았는데요?"

이런 사람에 대해 당신은 어떤 생각이 드십니까? 목적지는 몰라도 그가 부자라는 이유만으로 부러워하시겠습니까? 오히려 제 정신이 아닌 사람이라고 생각할 것입니다.

　우리 또한 인생이라는 열차를 타고 있습니다. 아무리 돈을 많이 벌고 유명해진 상태라 하더라도 인생의 열차 안에서 '어디에서 내리는가?'를 늘 생각해야 합니다. 누군가가 당신을 보고 '혹시 어디로 가십니까?'라고 질문한다면 당신은 자신의 인생의 목적지에 대해 어떻게 대답할지 준비가 되어 있으십니까?

　아무리 열심히 산다한들 목적지가 없는 열심은 의미가 없습니다. 사람들에게 왜 사냐고 물으면 "죽지 못해 살지요" 또는 "그냥 사니까 살지요"라며 분명한 목적도 없이 대답하는 사람들이 많이 있습니다.

　그러면 왜 많은 사람들이 이렇게 목적 없이 살고 있을까요? 그것은 자기 인생의 주인을 찾지 못했기 때문입니다.

　이 세상의 모든 물건은 주인이 있어서 그 주인의 의도대로 쓰임을 받습니다. 그래서 주인을 아는 사람은 목적지를 알겠지만 주인을 모르는 사람은 내가 누구에게 쓰임을 받아야 하는지, 또 무엇을 위해 살아야 하는지 모르는 것이 당연합니다.

　그렇다면 우리 인간은 어떻게 존재하게 되었으며 우리 인간의 주인은 누구일까요? 1번 말씀을 읽어보시겠습니까?

① 히브리서 3장 4절

집마다 지은 이가 있으니 만물을 지으신 이는 하나님이시라

■ 뉴턴 예화

 어느 날 뉴턴의 연구실에 무신론자 친구가 찾아왔습니다. 그 곳에 휘황찬란하게 만들어진 태양계 모형을 본 친구는 놀라며 뉴턴에게 말했습니다.

친구: "야~ 이거 참 잘 만들었는걸? 이거 누가 만들었나?"

뉴턴: "이거? 저절로 생긴 거라네"

친구: "아니~ 지금 자네 농담하나? 이게 자네가 만든 것 아닌가?"

뉴턴: "내가 만들긴? 그냥 어느 날 '펑'하고 생겼다니까?"

친구: "뭐라고? 아니, 이것을 자네가 만든 것이 아니라면 누가 만들었다는 건가?"

뉴턴: "하하~ 자네는 이 작은 태양계 모형을 보고도 누군가가 만들었다고 생각하면서 자네와 나, 그리고 이 모든 만물은 저절로 만들어졌다고 생각하는가?"

세상 사람들은 사람이 자연 환경에 의해 우연히 생긴 존재라

고 믿고 있습니다. 그렇다면 우연히 생긴 존재가 무슨 목적이 있으며, 주인이 있을 수 있을까요?

그러나 성경은 우리가 우연히 만들어진 존재가 아님을 분명히 말씀하고 있습니다. 우리는 분명한 목적을 위해 지음을 받은 존재입니다.

그러면 우리를 만드신 분은 누구일까요? 바로 하나님이십니다. 그렇기에 우리는 그 분의 의도대로 살아야 할 의무가 있는 것입니다. 2번 말씀을 읽어보시겠습니까?

② 이사야 43장 21절
이 백성은 내가 나를 위하여 지었나니 나를 찬송하게 하려 함이니라

■ 안드로포스

'사람'은 헬라어로 '안드로포스(ανδροπος)'라고 하며 '위를 바라보다, 위를 향하다'라는 뜻을 가지고 있습니다. 사람이란  바로, 위를 바라보는 존재라는 의미입니다. 사람은 위에 계신 하나님을 바라 볼 때에만 인생의 목적을 알게 된다는 것입니다. 그래서 인생의 목적은 바로 하나님을 만났을 때에만 알게 되어 있습니다.

본래 인간은 위를 바라보는 존재로 하나님과 교제하며 그분을 찬양하도록 지음 받았습니다. 그런데 그런 인간이 하나님을 볼 수 없게 된 이유는 무엇일까요? 3번 말씀을 읽어보시겠습니까?

③ 이사야 59장 1,2절
여호와의 손이 짧아 구원하지 못하심도 아니요 귀가 둔하여 듣지 못하심도 아니라 오직 너희 죄악이 너희와 너희 하나님 사이를 갈라놓았고 너희 죄가 그의 얼굴을 가리어서 너희에게서 듣지 않으시게 함이니라

■ 구름 뒤의 태양

 태양이 구름 뒤에 가려진 것을 보고 태양이 없다고 말하는 사람이 있을까요? 그것은 태양이 없는 것이 아니라 구름이 가려졌기에 태양을 볼 수 없는 것입니다.

많은 사람들은 하나님이 보이지 않기 때문에 없다고 말합니다. 그러나 그것 또한 하나님이 없는 것이 아니라 우리의 죄로 인해 하나님이 가리어진 것일 뿐입니다.

이렇게 사람은 하나님 사이를 갈라놓은 죄의 문제를 해결하

지 않으면 절대로 하나님을 경험할 수 없습니다. 그러나 몇몇 사람들 가운데에는 자신은 큰 죄를 저지르지 않았기 때문에 죄인이 아니라는 생각을 가진 사람들이 있습니다. 그것에 대해 4번에서는 어떻게 말씀하고 있는지 읽어보시겠습니까?

④ 로마서 3장 23절
모든 사람이 죄를 범하였으매 하나님의 영광에 이르지 못하더니

■ Crime과 Sin

죄는 두 가지가 있는데 하나는 Crime 이고 또 하나는 바로 Sin입니다. Crime 은 사회적인 범죄(살인, 폭력 등)를 말하고 Sin은 양심적인 범죄를 말합니다.

사람들은 사회적인 범죄만 죄를 지은 것이고 그에 대한 대가만 지불하는 것으로 알고 있습니다. 그래서 그림의 큰 원 전체를 봤을 때 자신은 사회적인 범죄의 부분이 작거나 잘 안 보이니 죄인이 아니라고 주장하고 있습니다.

하지만 그에 비해 양심적인 범죄는 원의 전체를 차지하고 있습니다. 요한일서 3장 15절에는 '그 형제를 미워하는 자마다 살인하는 자니...'라고 하였는데 이것이 바로 양심적인 범죄입니다.

> 사람이 사회적인 범죄를 저지르면 어디를 갈까요? 감옥에 가겠지요? 그렇다면 양심적인 범죄를 저지르면 어디로 가겠습니까? 지옥에 갑니다. 사람들은 이런 이치를 모르고 삽니다.
>
> 우리는 하루 동안에도 얼마나 많은 사람들을 미워하며 살고 있습니까? 혹시 선생님은 이 양심적인 범죄에서 자유롭습니까?

이렇게 해서 우리 모든 인간은 죄인이라는 사실을 알 수 있습니다. 하지만 그런 죄인 된 우리를 위해 하나님께서 하신 일이 있습니다. 5번 말씀을 읽어보시겠습니까?

⑤ 로마서 5장 8절

우리가 아직 죄인 되었을 때에 그리스도께서 우리를 위하여 죽으심으로 하나님께서 우리에 대한 자기의 사랑을 확증하셨느니라

■ 개미

 개미들이 심하게 싸우고 있습니다. 그대로 두면 개미들은 모두 죽을게 뻔해 보입니다.

그것을 보다 못한 저는 그 개미들을 구하기 위해 스스로 개미가 되어서 개미의 언어로 개미를 설득합니다. 그런데 개미들은 저의 말을 듣기는커녕 오히려 귀

찮게 여기며 떼로 몰려다니면서 더 격렬하게 싸우는 것이 아닙니까? 그래도 제가 계속 말리자 개미들은 저에게 "그러면 네가 우리를 위해 죽을 수도 있느냐 그렇다면 우리가 너를 믿을 수 있겠다."며 저를 협박합니다. 저는 어쩔 수 없이 그 개미들을 살리기 위해서 죽습니다. 지금까지의 이야기는 참으로 말이 될 수 없는 이야기입니다. 개미가 서로 싸우다 죽는다고 해도 제가 개미가 될 필요가 없고 개미를 대신해서 죽을 이유는 더더욱 없는 것이기 때문입니다. 그런데 하나님께서 이 말도 안 되는 이야기의 주인공이 되셔서 우리를 위해 그렇게 하셨습니다. 일평생을 죄악가운데 살아가다가 모두가 멸망으로 갈 수밖에 없는 우리를 위해 창조주이신 하나님께서 피조물인 인간을 위해 육신의 몸을 입으시고 이 땅에 오셔서 그 참혹한 십자가에서 모든 것을 다 쏟아주시고 못 박혀 죽으신 것입니다.

그러나 예수님은 다시 부활하심으로 우리에게 구원의 길을 보여주셨습니다. 6번 말씀을 읽어보시겠습니까?

⑥ 요한복음 11장 25,26절
예수께서 이르시되 나는 부활이요 생명이니 나를 믿는 자는 죽어도 살겠고 무릇 살아서 나를 믿는 자는 영원히 죽지 아니하리니 이것을 네가 믿느냐

■ 부활하신 예수님

 예수님의 부활이 사실이라는 것은 크게 두 가지를 통해서 알 수 있습니다.

첫째, 부활의 예수님을 통해 세계의 역사가 두 번 바뀌었다는 것으로 알 수 있습니다. 그 분이 역사의 중심이 되셔서 A. D(Anno Domini)와 B. C(Before Christ)로 구분 된 것입니다.

둘째, 개인 삶의 변화로 알 수 있습니다. 지금도 많은 사람들이 부활하신 예수님을 만남으로 삶의 변화가 일어나고 있습니다.

그리고 무엇보다 하나님은 인간의 몸을 입고 십자가에 달리시고 부활하심으로 그 이름을 믿는 자에게 구원이라는 선물을 주셨습니다. 7번 말씀을 읽어보시겠습니까?

⑦ 요한계시록 3장 20절

볼지어다 내가 문 밖에 서서 두드리노니 누구든지 내 음성을 듣고 문을 열면 내가 그에게로 들어가 그와 더불어 먹고 그는 나와 더불어 먹으리라

■ 문 두드리시는 예수님

　　문 두드리시는 예수님의 모습을 그린 성화가 있습니다. 그런데 이 성화의 특징이 무엇인지 아십니까? 문고리가 없다는 것입니다.

　예수님은 우리가 먼저 문을 열고 들어오기를 기다리시며, 문을 두드리십니다. 문을 열고 안 열고는 우리의 책임입니다. 말도 마찬가지입니다. 말을 물로 인도하는 것은 사람이지만 그 물을 먹는 것은 말의 책임인 것입니다.

　그러므로 우리는 영접 기도를 통해 예수님을 내 마음속의 주인으로 모실 수 있습니다. 혹시 선생님은 예수님을 마음속에 모실 준비가 되셨습니까? (대답을 듣는다. 거절을 한다면 강요하지 말고 1과를 마친 후 다시 권면해본다.) 그러면 눈을 감으시고 저를 따라해 주세요.

영접기도문
"하나님 아버지 저는 죄인임을 시인합니다. 그리고 예수님께서 저의 죄를 대신 지고 십자가에 못 박혀 죽으시고 부활하신 사실을 믿고 감사드립니다. 이제 이 큰 은혜를 주신 예수님을 주님으로 모시오니 제 마음에 들어오셔서 저를 구원하여 주옵소서. 예수님의 이름으로 기도합니다. 아멘."

이제 선생님이 예수님을 영접함으로 그 분이 선생님의 마음의 문을 열고 들어오셨습니다. 그러나 예수님이 원하시는 것은 선생님 삶의 일부분이 아니라 전부입니다.

■ 운전자

상당히 넘기 힘든 산을 여행하는 중에 제 앞에 예수님께서 서 계셨습니다. '예수님께서 같이 타기 원하시는구나?' 생각하며 저는 그 분을 제 차의 뒷좌석에 앉으시라고 말씀드렸습니다. 그런데 예수님께서 고개를 저으시는 것이 아니겠습니까?

'아~ 다른 자리를 원하시는구나' 생각을 하고 이번에는 제 옆자리에 앉으시라고 말씀드렸습니다. 그런데 예수님은 다시 고개를 저으시는 것이 아닙니까?

'설마 나의 운전석을?' 하며 불안해하고 있는데 그제서야 예수님은 고개를 끄덕이셨습니다. 저는 반신반의 하는 마음으로 운전석을 예수님께 내어 드렸습니다.

처음에는 불안감에 떨면서 그분이 운전하는 것을 지켜보았습니다. 그런데 알고 보니 그분은 그 험난한 산을 능숙하게 달리는 아주 탁월한 베테랑 운전사가 아니겠습니까? 그 이후로 저는 한가로이 밖의 경치를 보기도 하고 잠에 들기도 하였습니다. 그리고 편하게 예수님과 이런 저런 이야기를 나누기도 하였습니다. 예수님께 운전대를 맡기는 삶이란 것은 바로 이러한 삶을 말하는 것입니다.

선생님의 인생의 운전대도 이렇게 예수님께 맡기고 싶지 않으십니까? 그러나 우리는 약한 감정으로 인해 믿음이 약해지거나 죄 가운데에 있을 때는 예수님께서 나를 구원하여 주셨다는 사실조차 확신하지 못할 때가 있습니다.

■ 얼음판

　　얼음판 위에 두 사람이 있습니다. 한 사람은 얇은 살얼음판 위에서 '나는 안 빠질 것이다'라는 확신으로 당당하게 서 있습니다.

　　또 한 사람은 두께가 1미터가 넘는 얼음판 위에서 '나는 빠질 것이다'라는 두려움으로 움츠리며 벌벌 떨고 있습니다. 그렇다면 둘 중에 누가 과연 물에 빠지겠습니까?

　　당연히 얇은 얼음판 위에 선 사람입니다. 얼음이 깨지는 것과 감정은 상관이 없습니다. 자신이 어떤 얼음판 위에 서 있느냐는 사실이 더 중요한 것입니다.

마찬가지로 우리도 흔들리고 변하는 감정에 확신을 가지면 안

됩니다. 흔들리지 않는 말씀을 근거로 확신을 가져야 합니다.

찬송가 중에 '예수 사랑하심을'이라는 곡이 있는데 그 곡의
후렴을 한 번 불러드리겠습니다.

"날 사랑하심 날 사랑하심 날 사랑하심 성경에 쓰였네~ ♬"

이제 마지막으로 필요한 것은 그리스도인다운 삶입니다.
9번 말씀을 읽어보겠습니까?

⑧ 로마서 13장 14절
오직 주 예수 그리스도로 옷 입고 정욕을 위하여 육신의 일을 도모하
지 말라

> ■ 형과 동생
>
>    그림에서 보는 것과 같이 동생은 망
> 나니였습니다. 항상 일만 저지르며 형
> 을 근심하게 했습니다.
>   그러나 반대로 형은 성품이 아주 착
> 했으며 일만 저지르는 동생을 항상 품어주는 사랑이 많은 형
> 이었습니다. 그러던 어느 날 동생은 또 다시 일을 저지르고야
> 말았습니다.

친구들과 술을 마시며 다투다가 그만 칼로 친구를 찔러 죽인 것입니다. 동생의 옷은 피로 물들었고 당황한 동생은 허겁지겁 집으로 달려왔습니다.

그 때 바로 뒤에서 경찰의 싸이렌 소리가 들렸고 동생의 모습을 보고 깜짝 놀란 형은 금방 사태를 파악하고는 동생에게 빨리 옷을 벗으라고 했습니다. 형은 자신의 옷을 동생에게 주며 바꾸어 입기를 재촉했고 그 때 바로 경찰이 들이닥쳤습니다.

경찰은 피로 물 들은 옷을 입고 있는 형을 끌고 갔습니다. 동생은 깜짝 놀랐습니다. 하지만 당황한 동생은 아무것도 하지 못한 체 형을 보낸 후 매일 집에서 괴로워했습니다.

"가서 내가 살인을 했다고 솔직히 말할까? 어떡하지?"하며 비통해하기만 할 뿐 도저히 몸이 움직이질 않았습니다. 그러나 그렇게 망설이는 동안 재판일이 다가왔습니다.

형은 법정에서 묵비권을 행사했습니다. 원래 법에서는 증거가 확실한데 묵비권을 행사하면 그 죄를 그대로 인정하고 그에 대한 처벌을 받게 되어 있습니다.

시간이 흘러 동생은 형이 판결 받은 곳으로 가서는 자신이 죄를 지었으니 형을 풀어달라고 사정을 했습니다. 그러나 경찰은 이렇게 말했습니다.

"당신의 형은 이미 당신의 죗값으로 사형선고를 받았으니 그냥 돌아가시오. 자~ 그리고 여기에 형이 당신에게 주라고 남겨둔 편지가 있소."

동생은 참회의 눈물을 흘리며 편지를 읽었습니다.

"사랑하는 동생아, 너의 옷을 입은 형은 죽음을 맞이하게 된다. 그러나 이제는 네가 나의 옷을 입었지 않니? 그렇다면 더 이상 죄를 짓지 말고 그에 합당한 삶을 살기 바란다."

편지를 받은 동생이 과연 형의 옷을 입고 죄를 지을 수 있겠습니까? 여기에 나오는 동생이 바로 우리고 형이 바로 예수 그리스도이십니다.

예수님께서는 십자가에서 우리 죄를 대신 지시고 돌아가셨습니다. 그렇다면 그분의 옷을 입은 우리가 어떻게 죄를 지으며 살아갈 수 있겠습니까?

구원받은 자로서의 열매는 바로 그리스도의 옷을 입은 자의 삶으로 드러나야 합니다. 그러한 우리들의 모습을 통해 그리스도를 믿는 자들도 많아지며 이 생에서 누리는 영생의 축복 또한 풍성히 누릴 수 있기 때문입니다.

지금까지 우리는 복음이란 무엇인가에 대하여 배웠습니다. 이 복음이 그저 이론으로만 끝나는 것이 아니라 우리의 삶의 현장에서 열매가 맺어지도록 힘쓰셨으면 좋겠습니다.

 적용시키기
지금까지 배운 복음들 중 인상적인 예화를 다른 사람에게 말하도록 돕기.

2과

하나님과의 교제

1. 말씀

●말씀을 보는 이유

그리스도인이라면 기본적으로 해야 할 것 중에 하나가 바로 말씀을 보는 일일 것입니다.

그러면 우리가 성경책을 읽어야 하는 이유는 무엇일까요? 1번 말씀을 읽어보시겠습니까?

① 여호수아 1장 8절

이 율법책을 네 입에서 떠나지 말게 하며 주야로 그것을 묵상하여 그 안에 기록된 대로 다 지켜 행하라 그리하면 네 길이 평탄하게 될 것이며 네가 형통하리라

■ 사용설명서

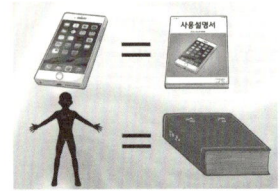

요즘은 휴대폰의 비약적인 발전으로 인해 설명서가 엄청나게 두꺼워졌으며 그 설명서를 통해 상당히 세밀한 부분까지 사용할 수 있습니다. 그런데 휴대폰보다 정교한 것이 사람이며, 사람에 대한 설명서는 바로 성경책입니다.

휴대폰설명서를 사용하지 않는 사람이나 관심이 없는 사람은 통화나 문자만 사용하듯이 사람에 대한 설명서에 관심이 없는 사람은 먹고, 사는 것에만 마음이 있을 것입니다.

휴대폰 사용자가 설명서를 신뢰하고 많이 볼수록 누리는 것도 많아지듯이 우리가 성경을 신뢰하고 많이 본다면 우리의 작은 부분이라도 세밀히 인도하시는 하나님을 경험할 수 있습니다.

그렇다면 우리의 인생은 어떻습니까? 인생의 설명서가 없이 살기에는 우리의 인생이 너무 막막하지는 않습니까?

그러므로 선생님께서도 인생의 설명서이자 인생 지침서인 성경을 곁에 두고 읽으며 풍성한 삶을 누렸으면 좋겠습니다.

● 말씀을 보는 방법

그렇다면 이 말씀을 우리는 어떻게 봐야 할까요? 2번 말씀을 읽어보시겠습니까?

② 잠언 2장 4,5절

은을 구하는 것 같이 그것을 구하며 감추어진 보배를 찾는 것 같이 그것을 찾으면 여호와 경외하기를 깨달으며 하나님을 알게 되리니

■ 알래스카

러시아는 1867년 재정(財政)이 궁핍하여 알래스카를 720만 달러로 매각한 이후 미국령(領)이 되었습니다. 720만 달러는 우리나라 돈으로 70억 정도입니다. 이것은 싸게 판 것일까요 아니면 비싸게 판 것일까요?

알래스카의 평수는 4820억 평입니다. 그런데 그것을 70억 원에 팔았다는 것은 60평 당 1원에 판 것이 됩니다.

그것이 끝이 아닙니다. 알래스카를 팔고 나서 어떤 일이 벌어졌는지 아십니까?

1920년에 페어뱅크스 부근의 금광 발견을 계기로 골드러시 시대가 형성되었고 그 후에 바로 바다표범, 담비, 밍크 등

의 모피의 산출로도 알려지게 되었습니다. 1942년에는 알래스카 간선도로의 완성으로 관광상으로도 중요시되었고 1968년에는 원유 매장량이 1만 5천억 리터로 알려진 대유전이 발견되었습니다.

그들은 엄청난 보화가 있는 알래스카의 가치를 몰라서 그만 헐값에 팔아넘기고만 것입니다.

오늘날 말씀도 이와 같습니다. 아무리 귀한 말씀이 있다고 하더라고 그 말씀을 깊이 묵상하며 캐어내지 않으면 아무런 소용이 없는 것입니다.

'네 부모를 공경하라'를 암송하는 것도 중요합니다. 그러나 그렇게 살지 않으면 그렇게 살게 됨으로 누리는 보물과 같은 축복을 누릴 수 없게 되는 것입니다.

그러므로 성경을 많이 보는 것도 좋지만 한 구절의 말씀이라도 적용하여 자신의 것으로 만들기 위해 힘쓰는 것이 더 중요한 것입니다.

 적용시키기

신앙수준에 맞게 말씀을 신약성서부터 1~3장씩 읽도록 돕기.

2. 기도

●기도응답의 조건

기도는 응답을 받기위해 하는 것입니다. 응답이 없다면 무슨 기쁨이 있겠습니까? 그러나 그 응답은 무조건 기도한다고 이루어지는 것이 아닙니다.

하나님께서 응답의 자물쇠를 가지고 계신데 그것을 열기 위해서 우리는 열쇠의 이빨을 그에 맞게 준비시켜야 합니다. 열쇠 그림을 보십시오.

■ 열쇠

먼저, 응답의 자물쇠를 열기 위한 열쇠의 첫 번째 이빨은 바로 믿음으로 해야 한다는 것입니다. 야고보서 1장 6절을 읽어보시겠습니까?

야고보서 1장 6절
오직 믿음으로 구하고 조금도 의심하지 말라 의심하는 자는 마치 바람에 밀려 요동하는 바다 물결 같으니

우리가 긴 시간을 기도한다 하더라도 응답해 주실 것이라는 믿음이 없으면 아무런 소용이 없다는 것입니다. 짧은

시간이라도 믿음으로 구할 때 하나님은 응답하십니다.

또한, 열쇠의 두 번째 이빨은 바로 예수님의 이름으로 해야 한다는 것입니다. 요한복음 16장 24절을 읽어보시겠습니까?

요한복음 16장 24절
지금까지는 너희가 내 이름으로 아무 것도 구하지 아니하였으나 구하라 그리하면 받으리니 너희 기쁨이 충만하리라

예수님의 이름은 우리가 하나님 앞에 나갈 수 있는 유일한 길입니다. 그래서 우리가 기도를 마칠 때 "예수님의 이름으로 기도합니다" 라고 하는 것입니다.
그뿐 아니라 기도하는 순간마다, 마음에 간절한 소원이 있을 때마다 우리는 예수님의 이름에 맡기는 것이 중요합니다.

마지막으로, 이 열쇠의 세 번째 이빨은 하나님의 뜻대로 구해야 한다는 것입니다. 요한일서 5장 14절을 읽어보시겠습니까?

요한일서 5장 14절
그를 향하여 우리가 가진 바 담대함이 이것이니 그의 뜻대로 무

엇을 구하면 들으심이라

어린 아이가 결혼시켜 달라면 그것을 허락해 줄 아버지
가 어디 있겠습니까? 모든 것에는 하나님의 때와 뜻이 있는
법입니다.

하나님의 응답은 Yes, '허락한다'로 나타날 때도 있지만
No, '안 된다'로 주어질 때도 있고, Wait, '기다려라'로 주어
질 때도 있습니다. 우리를 위해서 하나님은 거절도 하시고
기다리라고도 말씀하십니다.

그러므로 우리는 기도를 할 때 그 분의 뜻이 무엇인지 분
별할 필요가 있습니다.

결국, 위의 세 가지가 충족될 때에 하나님은 응답의 자물쇠를
열어 주십니다.

● 기도와 행함

우리가 기도할 때는 반드시 행동이 수반되어야 할 때가 있습
니다. 우리에게 구하는 것으로만 그치지 말고 그에 합당한 행동
을 위해서 어떻게 해야 할 것인가에 대하여 다음 말씀이 자세히
알려주고 있습니다. 4번 말씀을 읽어보시겠습니까?

④ 마태복음 7장 7,8절

구하라 그리하면 너희에게 주실 것이요 찾으라 그리하면 찾아낼 것이요 문을 두드리라 그리하면 너희에게 열릴 것이니

구하는 이마다 받을 것이요 찾는 이는 찾아낼 것이요 두드리는 이에게는 열릴 것이니라

■ 기도의 3단계

　　우리는 보통 기도하면 구하는 것 하나만을 생각하지만 이 구절은 기도의 3단계를 자세히 보여주고 있습니다.

　　첫째, Ask - 먼저 구하는 것입니다. 나의 모든 일을 주관하시는 분이 하나님이시므로 모든 것을 의탁한다는 믿음으로 하나님께 말하는 것입니다.

　　둘째, Seek - 기도를 했으면 성경을 통해 하나님의 뜻을 찾는 것입니다. 기도만 하고 나의 감정으로만 확신하는 것은 옳지 않습니다.

　　말씀이 나의 기도하는 바와 맞는지 보는 것이 중요합니다. 구약시대에는 성경이 없었기에 하나님께서 직접 음성을 들려주셨지만 지금은 그렇게 하실 필요가 거의 없습니다.

왜냐하면 우리가 가지고 있는 성경을 통해 하나님은 32,500가지의 약속을 이미 주셨기 때문입니다. 그러므로 우리가 기도한 것이 하나님의 뜻과 맞는지 말씀을 통해 응답을 얻는 것은 참으로 안전한 일입이다.

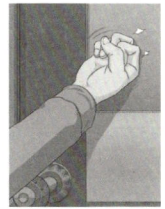 셋째, Knock - 우리의 기도가 말씀과 일치가 되었으면 적극적으로 행하는 것입니다. 아무 대가도 치르지 않으면서 기도만 하는 어떤 사람이 있습니다. 공부도 안하고 좋은 결과가 나오도록 기도하는 학생이나 일 안하고 돈 많이 벌게 해달라는 사람 등이 이와 같습니다.

하나님은 심은 대로 갚아주시는 분입니다.

갈라디아서 6장 7절에서는 '스스로 속이지 말라 하나님은 업신여김을 받지 아니하시나니 사람이 무엇으로 심든지 그대로 거두리라'라고 말씀하셨습니다.

 적용시키기

하루 5분이라도 시간 정해놓고 기도하도록 돕기.

3. 예배

●주일 날 예배드리는 이유

신앙생활을 하다 보면 안식일의 개념에 대해 궁금해하는 성도들이 있습니다. 또한 교회생활을 잘하다가도 이 안식일의 개념을 알지 못해 이단에 빠지는 사람들도 종종 있습니다.

그러므로 이 안식일의 개념은 분명히 알아야 할 필요가 있습니다. 5번 말씀을 읽어보시겠습니까?

⑤ 마태복음 12장 8절
인자는 안식일의 주인이니라 하시니라

■ 진정한 안식일

 마태복음 12장에서 예수님의 제자들이 이삭을 손으로 비벼 잘라먹는 것을 바리새인들이 보고 정죄를 하자 예수님은 자신이 곧 안식일의 주인이라는 말씀을 하십니다. 이것은 곧, 예수님이 안식일의 주체이신 분이라는 것입니다.

그런 예수님께서 십자가에 달리시고 부활하신 날이 바로 안식 후 첫날, 곧 주일입니다. 그러므로 우리는 예수님을 기념하는 주일 날 예배를 드리는 것입니다.

많은 이단들이 예수님을 인정한다고 하면서 구약의 안식일인 토요일 날 예배를 드리는데 그것은 오히려 부활하신 예수님을 부인하는 행동이라고 할 수 있습니다.

●예배에 필요한 두 가지

우리는 하나님께 영광을 돌리기 위해 예배를 드립니다. 예배를 드림에 있어서 중요한 요소가 있는데 먼저, 6번 말씀을 읽어 보시겠습니까?

⑥ 요한복음 4장 24절
하나님은 영이시니 예배하는 자가 영과 진리로 예배할지니라

■ 계란

 계란에게 있어서 껍데기가 중요할까요? 아니면 알맹이가 중요할까요? 알맹이가 중요합니다. 그것이 본질이기 때문입니다. 그러나 껍데기가 없으면 알맹이는 버려지는 것입니다. 예배를 드리기 위해서는 우리의 마음이 중요합니다. 그렇다고 겉모습이 중요하지 않다는 것이 아닙니다.

소중한 사람을 만날수록 옷을 입는 것도 신경을 쓰고 약속

시간에도 신경을 씁니다. 그리고 그렇게 준비한 만큼 태도도 공손해집니다.

하물며 우리가 예배시간에 만나는 하나님은 그 누구보다 귀중하신 분입니다. 우리가 깔끔한 옷을 입고 예배를 드리는 것, 예배 30분 전에 오는 것, 헌금을 미리 준비하는 것, 예배 시간에 앞자리에 앉는 것들은 겉모습과 같은 것입니다.

겉모습에 신경 쓰고 정성을 다 한 사람의 마음이 흐트러질 수 있겠습니까? 예배는 우리가 준비한 만큼 하나님의 임재를 경험할 수 있습니다.

계란의 알맹이가 우리의 마음이라면 그것을 둘러싸고 있는 껍데기와 같은 것이 바로 우리의 겉모습입니다.

그러므로 예배시간에 마음과 태도 이 두 가지를 버리지 말고 모두 최선을 다할 때 감동스러운 예배를 드릴 수 있습니다.

 적용시키기

예배 10분 전에 와서 기도로 준비하도록 돕기.

3^과 그리스도인의 영적생활

1. 성령

●성령이 계신 곳

교회 안에서 신앙생활을 하다보면 하나님과 예수님에 대한 개념은 알지만 성령님에 대한 개념은 모호하게 알고 있는 성도들이 많습니다. 1번 말씀을 읽어보시겠습니까?

① 고린도전서 3장 16절
너희는 너희가 하나님의 성전인 것과 하나님의 성령이 너희 안에 계시는 것을 알지 못하느냐

> ■ 하나님의 성전
>
> 구약 때 하나님은 "아브라함아~", "모세야~" 하시면서 몇몇의 사람들에게만 음성을 들려주셨습니다. 그러다가 신약 때

 에 와서 영이신 하나님께서 인간의 몸을 입고 이 땅에 오셨는데 그분이 바로 예수 그리스도이십니다.

그래도 예수님은 사람의 몸을 입고 오셨기에 그 분을 만나려면 따로 찾아가야했습니다. 그 분은 긴 세월 동안 세계를 두루 다니신 것도 아니고 이스라엘에서만 활동하셨다가 십자가에 달리셨습니다. 더구나 예수님이 부활하시고 승천하신 후로는 만날 수가 없었습니다.

예수님은 자신의 역할을 대신 수행하며 모든 사람이 자신을 만날 수 있도록 성령님을 보내주셨습니다. 그래서 우리가 예수님을 마음속에 모시면 내 안에 성령님이 역사하셔서 하나님과 늘 동행하는 삶을 살 수 있도록 하셨습니다. 그런 면에서 볼 때 오늘날의 교회는 예배드리는 예배당이며 하나님이 계신 곳은 성령님을 모신 내 안입니다.

이 얼마나 감격적인 일입니까? 하나님께서 내 안에 계시다는 것은 참으로 엄청난 사건입니다. 그러므로 우리 안을 성전 삼으신 성령의 임재를 경험하는 것만큼 귀한 것은 없습니다.

● 성령충만의 결과

우리 안에 성령님이 역사하는 것을 가지고 성령충만이라고 합니다. 그렇다면 성령이 충만해질 때 어떤 일이 일어날까요? 2

번 말씀을 읽어보시겠습니까?

② 사도행전 16장 25,26절
한밤중에 바울과 실라가 기도하고 하나님을 찬송하매 죄수들이 듣더라 이에 갑자기 큰 지진이 나서 옥터가 움직이고 문이 곧 다 열리며 모든 사람의 매인 것이 다 벗어진지라

■ 바울과 실라

바울과 실라는 전도 중에 감옥에 갇힙니다. 큰 죄를 지은 것이 아니라 복음을 전하다가 억울한 상황에 처한 것입니다.
그러나 그럼에도 그들은 찬송을 합니다. 성령이 충만하였기 때문입니다. 그러자 결국 옥문이 열리고 간수까지 구원을 받는 일이 일어납니다.

우리의 삶에도 성령충만이 이루어지면 그 때부터 우리의 환경은 보이지 않습니다. 자신의 상황이 아무리 억울하고 답답해도 오히려 하나님을 바라보며 찬송하게 됩니다.
그러므로 우리가 늘 돌아봐야 할 것은 나의 주변의 어떠한 환경이나 상황이 아니라 '나는 과연 성령이 충만한가'를 점검해봐야 합니다.

2. 마귀

●마귀의 유혹 목적

하나님께서 우리에게 성령을 주신 것과 반대로 이 세상에는 우리의 믿음을 방해하는 마귀의 역사가 있습니다. 그러므로 우리는 마귀가 어떤 존재인지 분명히 알 필요가 있습니다. 3번 말씀을 읽어보시겠습니까?

③ 요한계시록 12장 9절

큰 용이 내쫓기니 옛 뱀 곧 마귀라고도 하고 사탄이라고도 하며 온 천하를 꾀는 자라 그가 땅으로 내쫓기니 그의 사자들도 그와 함께 내쫓기니라

■ 권투

 권투선수는 스트레이트, 훅, 어퍼컷보다 가장 약한 잽을 가장 많이 사용합니다. 경기가 시작되면 잽으로 툭툭 치게 되는데 그 이유는 권투의 잽은 별로 아프진 않지만 계속 맞으면 상당히 흥분하게 되기 때문입니다.

그렇게 되면 상대는 펀치를 거의 휘두르다시피 날리고 자기

도 모르게 그로기 상태에 빠집니다. 그 때 어퍼컷으로 한 방을 먹이면 완전히 쓰러지게 되는 것입니다.

마귀의 유혹도 이와 같습니다. 당시에는 아무렇지도 않은 것 같은 잽 같은 유혹이지만 그 유혹이 계속되면 우리도 모르는 사이에 우리의 영혼은 어퍼컷과 같은 공격을 받아 넘어지게 되는 것입니다.

사탄은 초신자를 한 번 예배에 빠지게 합니다. 한 번 예배에 빠진다고 별로 달라질 것은 없습니다. 조금 찔리기만 할 뿐입니다.

그러나 그것이 몇 번만 반복되면 교회에 나오고 싶은 마음이 아예 사라지게 됩니다. 술 한 잔의 잽으로 유혹한 사탄은 우리를 그로기 상태로 만든 후 나중에는 어퍼컷으로 술이 우리를 먹도록 만들어버리는 것입니다.

마귀가 우리를 유혹하는 목적은 우리의 지성, 영혼과 육체를 파괴하여 넘어뜨리기 위함입니다. 그리스도인이 넘어지면 어떤 일이 일어나겠습니까?

다른 사람에게 영향을 줄 수 없는 자가 됩니다. 사탄은 이렇게 우리가 그리스도의 일군으로써 영향력 있는 삶을 살지 못하도록 합니다. 그러므로 우리는 항상 마귀의 꾐에 빠지지 않도록 깨어있어야 합니다.

●마귀의 공격

우리는 마귀나 귀신이라고 하면 깜깜한 밤에 나타나는 무서운 존재라고 생각하는 경우가 있습니다. 그러나 사람보다 훨씬 똑똑한 마귀가 그렇게 유치하게 "나는 마귀다"하면서 나타나겠습니까? 성경에서의 마귀는 어떤 모습으로 다가오는지 4번 말씀을 읽어보시겠습니까?

④ 고린도후서 11장 14절

이것은 이상한 일이 아니니라 사탄도 자기를 광명의 천사로 가장하나니

■ 콜라와 물

콜라는 맛이 톡 쏘고 시원합니다. 그러나 갈증이 남고 진정한 목마름은 해결되지 않습니다.

물은 어떻습니까? 맛이 없습니다. 그러나 목마름이 해결됩니다. 그러나 대부분의 사람들은 목이 마를 때 다시 목마른지 알면서도 콜라를 마십니다. 사탄의 공격이 이와 같습니다.

이 세상의 3S인 'Sex', 'Screen', 'Sport'를 콜라로 활용하여 갈증으로 몰아가고 있습니다. 그것들에 빠진 성도는 알면서도 더 자극적인 콜라를 마시게 됩니다.

그러므로 우리는 광명한 천사로 가장한 콜라와 같은 사탄의 계략을 미리 알고 생수의 근원되신 예수 그리스도를 온전히 따르는 성도가 되어야 할 것입니다.

●성령충만의 방법

그렇다면 성령충만을 받기 위해서는 어떻게 해야 할까요?

거기에는 우리의 책임이 있습니다. 5번 말씀을 읽어보시겠습니까?

⑤ 베드로전서 5장 8절

근신하라 깨어라 너희 대적 마귀가 우는 사자 같이 두루 다니며 삼킬 자를 찾나니

■ '검은 개'와 '흰 개'

예수님을 마음속에 모신 우리 안에는 '검은 개'와 '흰 개'가 있는데 그 개들은 서로를 공격하는 습성이 있습니다. '흰 개'가 살이 찌면 '검은 개'를 공격하여 '검은 개'를 작게 만들고 '검은 개'가 살이 찌면 다시 '흰 개'를 공격하여 '흰 개'를 아주 작게 만들어 힘을 못 쓰게합니다. 여기서

'흰 개'는 성령을 의미하고 '검은 개'는 사탄을 의미합니다.

우리는 '흰 개'를 살찌워야 하는데 그러기 위해서 우리는 항상 말씀과 기도로 깨어있어야 하며 나의 책임도 함께 수반되어야 합니다. 이를 통해 살이 찐 '흰 개'로 인해 예배를 사모하게 되고 믿음이 크게 자라 '검은 개'가 힘을 쓰지 못하게 합니다.

하지만 '검은 개'는 우리가 가만히 있어도 저절로 살이 찝니다. 그러면 그 개는 '흰 개'를 위협하여 신앙에 의심이 생기게도 하고 교회를 나오기 싫도록 만들어 '흰 개'가 영향력을 발휘하지 못하게 합니다.

결국 우리가 성령충만하면 사탄이 꼼짝없이 당하지만 우리가 성령님을 의지하지 않고 가만히 있으면 사탄에게 당해서 죄의 유혹에 빠지게 되는 것입니다.

그러므로 우리는 늘 말씀과 기도에 깨어있어야 합니다.

3. 교제

●교제의 유익

믿는 사람에게 있어서 하나님과의 관계만큼이나 중요한 것은 바로 사람과의 관계입니다. 그래서 예수님도 제일 첫째 되는 계명이 하나님을 사랑하는 것이고 그 다음의 계명이 사람을 사랑하는 것이라고 말씀하셨습니다(마22:36~40). 우리는 보이지 않는 하나님을 잘 섬기기 위해서라도 보이는 사람과의 교제를 참으로 중요하게 생각해야 합니다. 6번 말씀을 읽어보시겠습니까?

⑥ 히브리서 10장 24,25절

서로 돌아보아 사랑과 선행을 격려하며 모이기를 폐하는 어떤 사람들의 습관과 같이 하지 말고 오직 권하여 그 날이 가까움을 볼수록 더욱 그리하자.

■ 얼룩말

얼룩말은 초식동물이기에 스스로를 보호하기 힘든 약한 짐승입니다. 그러기에 사자가 달려올 때 혼자 있으면 여지없이 사자의 먹이가 되고 맙니다. 그래서 얼룩말들은 서로 머리를 맞대고 둥그렇게 모여 사자가 다가오면 걷어차 버

림으로써 자신들을 지켜 나간다고 합니다.

맹수의 위협으로부터 한데모여 서로를 지키는 얼룩말처럼 유혹에 약한 우리 그리스도인들도 우리를 삼키려고 달려드는 사탄 앞에서 더욱 교제하며 모이기를 힘써야 합니다. 그럴 때 우리는 손쉽게 유혹에서 승리할 수 있습니다.

●교제의 중요성

교제는 또한 우리의 믿음을 더욱 성숙하게 합니다. 7번 말씀을 읽어보시겠습니까?

⑦ 요한복음 20장 24, 25절

열두 제자 중의 하나로서 디두모라 불리는 도마는 예수께서 오셨을 때에 함께 있지 아니한지라 다른 제자들이 그에게 이르되 우리가 주를 보았노라 하니 도마가 이르되 내가 그의 손의 못 자국을 보며 내 손가락을 그 못 자국에 넣으며 내 손을 그 옆구리에 넣어 보지 않고는 믿지 아니하겠노라 하니라

■ 도마

예수님의 부활은 제자들에게 있어서 그들의 앞날을 좌우하

는 큰 사건이었습니다. 그러나 예수님께서 부활하셔서 제자들에게 나타나셨을 때 도마는 그 자리에 없었습니다.

교제권 안에 없었기에 도마는 의심을 하게 되고 8일이 지나서야(26절) 도마는 의심을 벗어나게 됩니다. 교제권 안에 없음으로 그의 믿음은 다른 제자들보다 더 늦게 서야 생기게 된 것입니다.

그리스도인이 교제권 안에 없으면 의심하게 되고, 신앙이 자라지 않습니다.

숯이 다 같이 모여 있을 때는 상당히 뜨겁지만 그 중에 하나를 따로 떨어뜨리면 그 하나가 금방 식게 되는 이유와 같습니다. 그러므로 믿음의 성장을 위해 꼭 필요한 것은 믿는 사람들과의 교제입니다. 그것을 통해 우리의 식은 열정의 불을 다시금 붙일 수 있습니다.

또한, 그들의 영향권 아래에 있어야 우리는 중요한 순간에 주님을 부인하지 않을 수 있습니다. 그러므로 소그룹 모임이나 가벼운 봉사 등에 적극 참여하는 것은 자신을 더욱 영적으로 강하게 지켜줍니다.

 적용시키기

① 성령충만을 위해 기도하는 시간을 가지도록 돕기.

② 교제권을 형성하도록 돕기 위해 소그룹에 속하게 하거나 교회에서 봉사할 수 있는 기회 주기.

4과 성도의 삶

1. 전도

● 전도의 중요성

교회에 처음 올 때 당신은 어떻게 오셨습니까? 스스로 온 분도 가끔 있을 수 있지만 대부분 전도를 통해서 왔습니다. 가족이나 친구, 또는 전도자의 전도를 통해 하나님에 대해 듣게 되고 교회에 왔다는 것입니다. 결국 우리도 누군가를 교회에 오게 하기 위해서는 전도를 통해서만이 가능합니다. 1번 말씀을 읽어보시겠습니까?'

① 로마서 10장 14절

그런즉 그들이 믿지 아니하는 이를 어찌 부르리요 듣지도 못한 이를 어찌 믿으리요 전파하는 자가 없이 어찌 들으리요

■ 부시맨과 콜라병

1980년도에 상영했던 '부시맨'이라는 영화가 있습니다. 원시생활을 영위하며 살던 아프리카 칼라하리의 부시맨 마을에 그곳을 지나가던 비행사가 콜라병을 던집니다.

콜라병을 생전 처음 본 부시맨은 그것으로 곡식을 빻는 기구로 사용하기도 하고, 악기처럼 다루기도 하며 서로 다투는 과정에서 무기로 사용하기도 합니다. 그렇다면 그들이 이런 시행착오를 겪지 않게 하기 위해서는 어떻게 해야 할까요?

콜라병의 용도를 아는 사람이 그들에게 가서 알려줘야 합니다. 그래야 비로소 그들이 콜라병에 대해 알게 될 것입니다.

미친가지로 이 세상 사람들은 어떻습니까? 하나님이 주신 몸으로 하나님께 영광을 돌리려는 생각보다는 그 용도를 몰라서 그 몸으로 늘 무엇을 먹을까 무엇을 마실까 무엇을 입을까 생각하며 삽니다. 이유가 무엇일까요? 하나님을 모르기 때문입니다.

그렇기에 우리가 알려줘야 합니다. 알려주지 않기에 많은 사람들은 자신의 몸을 기쁘게 하는 데에만 인생을 투자합니다.

하나님의 세계와 완전히 단절되어 있기에 하나님을 찾지도 않는다는 것입니다. 그러기에 전도는 그들에게 몸의 용도를 알려주는 중요한 역할을 합니다.

●전도의 가치

이외에도 전도는 여러 가지의 가치들이 있습니다. 2번 말씀을 읽어보시겠습니까?

② 마가복음 1장 38절
이르시되 우리가 다른 가까운 마을들로 가자 거기서도 전도하리니 내가 이를 위하여 왔노라 하시고

예수님이 이 땅에 오신 이유가 바로 전도하기 위함이었습니다. 그런데 그 전도가 얼마나 가치 있기에 예수님은 전도를 하러 이 땅에 오셨을까요?

■ 예수님의 헌혈

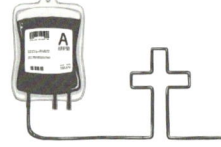

전도를 한다는 것은 바로 예수님의 피를 헌혈케 하는 일입니다. 그런데 그 헌혈은 우리가 하는 헌혈과 얼마나 큰 차이가 있고 가치가 있을까요?

첫째, 그 피는 혈액형, 건강여부, 연령과 관계없이 모든 사람에게 필요한 것입니다.

둘째, 병을 앓는 자가 사람의 피를 헌혈 받으면 이 세상에서 짧은 시간 동안 생명을 연장 받게 되지만, 예수님의 피를 영적으로 병든 자가 받으면 그는 천국에서 영원히 살게 됩니다.

셋째, 그 피의 의미를 안 사람은 인생의 분명한 목적을 가지고 살게 됩니다. 그래서 어떻게 살아야 하는지, 무엇을 위해 살아야 하는지 명확한 해답을 얻고, 인생을 하나님이 주신 기회로 생각하며 가치 있고 의미 있는 삶을 살게 됩니다.

결국 전도는 사람을 바꾸고 세상을 바꾸는 가장 가치 있는 일인 것입니다. 지금 선생님의 주위에 예수님의 헌혈이 긴급히 필요한 사람은 누구입니까?

 적용시키기

이번 주에 1명 이상에게 1과에 있는 복음을 전하도록 돕기.

2. 십일조

●복의 잘못된 개념

사람은 누구나 복을 받기 원합니다. 그래서 우리나라 사람들은 새해가 되면 습관처럼 '새해 복 많이 받으세요' 라는 말을 꼭 합니다. 그러나 우리가 정말 올바로 된 복을 받기 위해서는 복이 무엇인지 복의 정의부터 알아야 합니다. 3번 말씀을 읽어보시겠습니까?

③ 디모데전서 6장 10절

돈을 사랑함이 일만 악의 뿌리가 되나니 이것을 탐내는 자들은 미혹을 받아 믿음에서 떠나 많은 근심으로써 자기를 찔렀도다

■ 물질/지식/명예

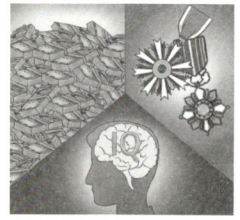

성경은 물질을 사랑하는 것이 일만 악의 뿌리라고 합니다. 만약 물질이 축복이라면 예수 믿는 사람들은 다 부자가 되어야 합니다. 그러나 예수를 믿어도 부자가 될 수도 있지만 가난할 수도 있는 것은 물질 자체가 축복이 아니기 때문입니다.

지식도 마찬가지며, 명예도 마찬가지입니다. 실질적으로 가

진 것이 없어서 자살하는 사람보다 가진 것이 많아서 자살하
는 사람이 더 많으며 못 배워서 자살하는 사람보다 많이 배워
서 자살하는 경우가 더 많습니다.

그러므로 인생의 목적을 물질, 지식, 명예로 삼는 사람들은 복
의 의미를 모르는 것입니다.

●진정한 복

그렇다면 성경이 말하는 진정한 복이란 무엇입니까? 하나님
께서는 우리의 소유의 문제보다 하나님과의 관계를 더 강조하고
계십니다. 4번 말씀을 읽어보시겠습니까?

④ 히브리서 13장 5절
돈을 사랑하지 말고 있는 바를 족한 줄로 알라 그가 친히 말씀하시기
를 내가 결코 너희를 버리지 아니하고 너희를 떠나지 아니하리라 하
셨느니라

■ 어린 아이

놀이동산에 어린아이가 놀고 있습니다. 그런데 어린 아이가
기뻐하고 있는 이유가 재미있는 놀이기구를 탈 수 있기 때문

일까요 아니면 맛있는 것을 먹기 때문일까요? 그런데 만약 그 옆에 있는 엄마가 없어진다면 어떻겠습니까? 그래도 그 아이가 여전히 행복해할까요?

아이가 놀이동산에서 행복할 수 있는 이유는 근본적으로 엄마와 함께 있기 때문입니다. 아무리 아이가 즐거워도 부모님을 잃어버리면 모든 것이 무의미하기 때문입니다.

우리도 마찬가지입니다. 사람이 언제 행복을 느낄까요?

돈이 많아서가 아니라 많은 지식을 쌓았을 때가 아니라 하나님이 함께 계실 때입니다.

그래서 하나님과 동행하는 자는 소유의 집착에서 벗어날 수 있습니다. 그리고 하나님이 책임져 주시는 것을 경험하게 됩니다. 세상에서 많은 것을 가졌으나 하나님이 없는 사람은 부자인 것 같지만 가난한 자입니다. 왜냐하면 진정한 복을 소유하지 않았기 때문입니다.

●복을 누리는 법

하나님이 복이신 것을 깨닫고, 그 분이 책임져 주시는 것을 경험하며 사는 것만큼 귀한 것은 없습니다. 그렇다면 그 복을 온전히 누리기 위해 우리는 어떻게 해야 할까요? 5번 말씀을 읽어보시겠습니까?

⑤ 말라기 3장 10절

만군의 여호와가 이르노라 너희의 온전한 십일조를 창고에 들여 나의 집에 양식이 있게 하고 그것으로 나를 시험하여 내가 하늘 문을 열고 너희에게 복을 쌓을 곳이 없도록 붓지 아니하나 보라

■ 월세

월세로 사는 사람은 집을 쓰는 대가로 집주인에게 월세를 냅니다. 이것은 주인에게 "이 집은 당신 것입니다"하고 인정하는 인정권과 같은 것입니다.

반대로 내야 할 월세를 안 낸다면 그것은 "나는 주인과 동등하다"라는 의미와 같습니다. 기본적인 월세를 냄으로 세를 사는 사람은 그곳에서 아무 탈 없이 살 수 있습니다.

월세 사는 사람이 월세를 안 낸 상태에서 집에 문이 고장 났다고 칩시다. 그래서 주인에게 가서 집에 문 좀 고쳐달라고 하면 주인이 뭐라고 하겠습니까?

"월세 냈소?"하면서 안 고쳐줄 것입니다. 마찬가지로 하나님께서 맡겨주신 인생을 사는 우리에게 있어서 십일조는 "내 인생은 하나님 것입니다" 하고 인정하는 인정권과 같은 것입니다.

그러므로 하나님의 것에 대해 성실히 낸다면 하나님께서 우

리의 모든 영역에 부족함이 없이 풍성하게 갚아 주실 것입니다. 그런데 우리가 하나님에 대한 인정권도 드리지 않은 채 책임져 달라, 응답을 달라고 한다면 하나님께서 뭐라고 하실까요? "십일조 냈냐?"라고 하시지 않을까요?

우리는 하나님의 주인 됨을 인정하고 있습니까? 그런 주인 됨을 인정할 때 우리는 진정한 복과 은총을 누리며 경험할 수 있습니다.

 적용시키기
십일조 생활하도록 돕기.

3. 교회

●교회의 개념

교회라는 단어의 원어는 '에클레시아'로서 '부르심 받아 나온 무리'라는 뜻을 가지고 있습니다. 또한 사람들만 모인 곳이 아니라 그리스도가 임재 하셔서 머리가 되어주시고, 성령께서 다스리시며, 하나님 아버지께서 주인이 되시는 살아 있는 그리스도의 몸입니다. 그러나 세상에 있는 교회는 그렇게 느껴지지 않는 경우가 많습니다. 교회에 대한 개념을 모를 때 우리는 교회를 보고 판단을 하기도 하고 시험에 들기도 합니다. 6번 말씀을 읽어보시겠습니까?

⑥ 고린도전서 10장 32, 33절

유대인에게나 헬라인에게나 하나님의 교회에나 거치는 자가 되지 말고 나와 같이 모든 일에 모든 사람을 기쁘게 하여 자신의 유익을 구하지 아니하고 많은 사람의 유익을 구하여 그들로 구원을 받게 하라

■ 무형교회와 유형교회

 교회를 크게 무형교회와 유형교회로 나눌 수 있습니다. 무형교회는 주님이 보시는 참되고 완전하며 이상적인 교

회입니다. 그러나 그곳은 보이지 않으며 우리가 추구해야 하는 온전히 거듭난 사람으로 이루어진 교회입니다.

반대로, 유형교회는 우리가 속한 지상에 있는 일반교회인데 이 곳에는 구원받은 사람도 있고 구원은 받았으나 인격적으로 부족한 사람도 있으며, 또한 교회는 간신히 나오지만 아직 하나님을 만나지 못한 구원받지 못한 사람도 있습니다. 신약시대에 고린도교회도 그와 같은 교회였습니다.

그래서 이 교회 또한 많은 문제들이 있었고 그 문제에 대한 해결을 사도바울이 편지를 통해 보여주고 있는 것입니다. 초대교회 시대의 교회가 이러했다는 것은 오늘 날의 교회 또한 그와 같다는 것을 말해주고 있습니다.

유형교회는 아직 완성되지 않은 교회입니다. 교회의 역할은 그 가운데서도 말씀 안에서 자기 유익을 구하지 않고 아직 예수님을 만나지 못한 성도들을 구원에 이르도록 돕는 데에 있습니다.

그러나 부족한 사람들이 모였기에 이런저런 일들이 생길 수 있는 것이고 그래서 하나님의 은혜가 필요한 것입니다. 그러므로 우리는 유형교회 안에서 사람을 보는 것이 아니라 하나님의 은혜를 바라보는 성도가 되어야 합니다.

그럴 때 우리는 유형교회 안에 있는 무형교회인이 될 수 있는 것입니다.

그러므로 우리가 교회를 다닐 때 무엇을 바라보고 무엇을 위해 다니는지를 제대로 정립해야 할 필요가 있습니다. 사람을 바

라보면 계속 상처받고, 실족하게 됩니다. 그러나 하나님만 바라
보면 사람의 연약함을 이해하게 되고, 신앙의 참기쁨을 누리게
됩니다.

●우리교회 소개하기
이제는 마지막으로 우리 교회를 소개하는 시간입니다.

A. 소속교단 - 새가족이 안심할 수 있도록 교파와 교단을 소
   개합니다.
B. 간단한 교회연혁 및 교회행사 - 교회의 역사와 교회에서
   하는 큰 행사나 사회봉사활동 등을 소개합니다.
C. 담임목사님 및 부교역자 소개 - 담임목사님과 담당 교역
   자 등을 소개합니다.
D. 부서와 기관소개 - 교회에 속한 부서나 기관 등을 자세히
   소개합니다.

 적용시키기
① 하나님과의 교제인 말씀, 기도, 예배 등을 구체적으로 꾸
   준히 할 수 있도록 돕기.
② 양육 후 교회에서 할 수 있는 것들을 하도록 돕기.

망망한 바다 한가운데서 배 한 척이 침몰하게 되었습니다.
모두들 구명보트에 옮겨 탔지만 한 사람이 보이지 않았습니다.
절박한 표정으로 안절부절 못하던 성난 무리 앞에 급히 달려 나온 그 선원이
꼭 쥐고 있던 손바닥을 펴 보이며 말했습니다.
"모두들 나침반을 잊고 나왔기에 … "
분명, 나침반이 없었다면 그들은 끝없이 바다 위를 표류할 수 밖에 없을 것입니다.

우리는 삶의 바다를 항해하는 모든 이들을 위하여
그 나침반의 역할을 하고 싶습니다.
우리를 구원하신 위대한 주 예수 그리스도를 널리 전하고 싶습니다.

"하나님은 모든 사람이 구원을 받으며
 진리를 아는 데에 이르기를 원하시느니라"
 (디모데전서 2장 4절)

이미지 양육법

지은이 │ 박노현
발행인 │ 김용호
발행처 │ 나침반출판사

제1판 발행 │ 2017년 1월 5일

등   록 │ 1980년 3월 18일 / 제 2-32호
주   소 │ 07547 서울특별시 강서구 양천로 583
           블루나인 비즈니스센터 B동 1607호
전   화 │ 본사 (02) 2279-6321 / 영업부 (031) 932-3205
팩   스 │ 본사 (02) 2275-6003 / 영업부 (031) 932-3207
홈   피 │ www.nabook.net
이메일 │ nabook@korea.com / nabook@nabook.net

ISBN   978-89-318-1534-4
책번호 다-1133

값은 뒷표지에 있습니다.